Name: _____

Datum: _____

W0092192

Wiederholung – Zahlenraum bis 20

1 Ordne die Zahlen nach der Größe.

a) Beginne mit der kleinsten.

| 12 | ~~4~~ | 7 | 10 | 15 |

4, _____

b) Beginne mit der größten.

| 1 | 20 | 11 | 9 | 14 |

_____

2 Vergleiche. Setze <, > oder = ein.

a) 6 ◯ 9
8 ◯ 8
7 ◯ 1

b) 12 ◯ 15
19 ◯ 16
17 ◯ 17

c) 14 ◯ 9
10 ◯ 20
2 ◯ 19

3 Zerlege die Zahlen im Dach.

a)

```
    5
0 + 5
1 + __
2 + __
3 + __
4 + __
5 + __
```

b)

```
    9
__ + __
__ + __
__ + __
__ + __
__ + __
__ + __
__ + __
__ + __
__ + __
__ + __
```

c)

```
    8
__ + __
__ + __
__ + __
__ + __
__ + __
__ + __
__ + __
__ + __
__ + __
```

Bereich für die Lehrkraft

1 Zahlen bis 20 ordnen _____
2 Zahlen bis 20 vergleichen _____
3 Zahlen zerlegen _____

→ nach Schulbuch, Seite 11

1

Wiederholung – Zahlenraum bis 20

Die Aufgaben waren für mich:

○ **4** a) 10 + 2 = ____   b) 20 – 2 = ____   c) 17 + 2 = ____

        12 + 3 = ____   18 – 3 = ____   15 – 3 = ____

        16 + 4 = ____   16 – 0 = ____   19 – 8 = ____

○ **5** Wie rechnest du? Schreibe auf.

a) 7 + 8 = _____

     = _____

     = _____

b) 9 + 4 = _____

     = _____

     = _____

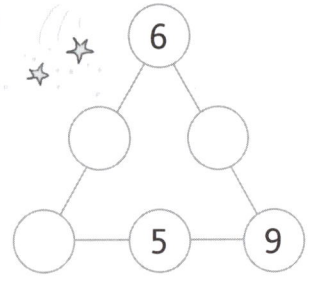

c) 13 – 8 = _____

     = _____

     = _____

d) 15 – 7 = _____

     = _____

     = _____

○ **6** a) 9 + 7 = ____   b) 12 – 5 = ____   c) 9 + 8 = ____

        4 + 8 = ____   17 – 9 = ____   13 – 6 = ____

        3 + 9 = ____   12 – 7 = ____   4 + 7 = ____

○ **7** a)

         6
    ○   ○
  ○   5   9

Immer **17**.

b)

        ○
    ○   5
  8   ○   9

Immer **18**.

Bereich für die Lehrkraft

 4 Rechnen ohne Zehnerübergang

 5 Rechenwege notieren

 6 Rechnen mit Zehnerübergang

 7 Zauberdreiecke lösen

→ nach Schulbuch, Seite 11

Die Zahlen bis 100

○ **1** Finde die fehlenden Zehnerzahlen.

a) [ ] [ ] 90 100   b) [ ] 20 [ ] [ ]

c) [ ] 50 [ ] [ ]   d) [ ] [ ] [ ] 60

🙂 😐 🙁
☐ ☐ ☐

○ **2** Wie viele Zehner? Wie viele Einer?

a)

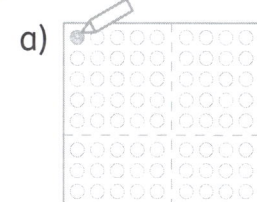

Z | E

b)

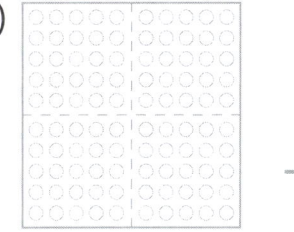

Z | E

🙂 😐 🙁
☐ ☐ ☐

●

○ **3** Zeichne in das Hunderterfeld. Zerlege in Zehner und Einer.

a)

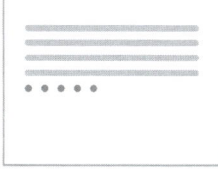

Z	E
2	7

b)

Z	E
5	9

🙂 😐 🙁
☐ ☐ ☐

27 = 20 + ____   ____ = ____ + ____

●

○ **4** Kennst du die Geheimschrift? Schreibe und zeichne.

a)

Z | E

b)

Z	E
6	4

🙂 😐 🙁
☐ ☐ ☐

Bereich für die Lehrkraft

🙂 😐 🙁

1 Zehnerzahlen ergänzen _____ ☐ ☐ ☐

2 Zehnerbündelungen erkennen und in die Stellenwerttafel eintragen ☐ ☐ ☐

3 Zahlen im Hunderterfeld darstellen/in Zehner und Einer zerlegen ☐ ☐ ☐

4 Strich-Punkt-Darstellung verstehen _____ ☐ ☐ ☐

→ nach Schulbuch, Seite 19

3

Die Zahlen bis 100

5 Vervollständige die Zahlen-Steckbriefe.

a)

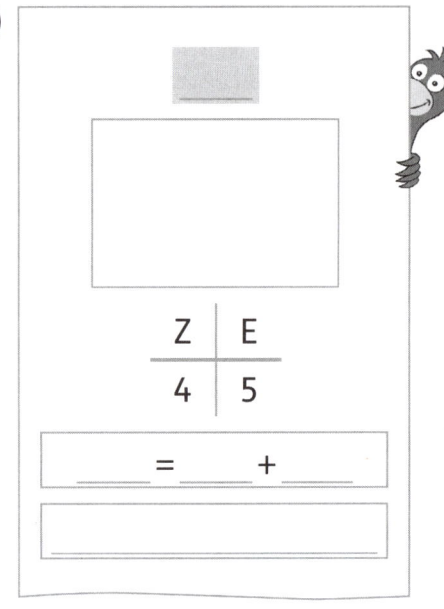

Z	E
4	5

= ____ + ____

b)

Z	E

= ____ + ____

☺ ☺ ☹
☐ ☐ ☐

6 Löse die Zahlenrätsel.

a)

Meine Zahl hat 6 Zehner
und halb so viele Einer.

Z	E

b)

Meine Zahl hat 4 Einer und
doppelt so viele Zehner.

Z	E

☺ ☺ ☹
☐ ☐ ☐

7 a)

Meine Zahl hat 2 Zehner
weniger und 6 Einer mehr
als die Zahl 92.

Die Zahl heißt ____.

b)

Meine Zahl hat genauso
viele Einer wie Zehner und
liegt zwischen 80 und 90.

Die Zahl heißt ____.

☺ ☺ ☹
☐ ☐ ☐

Bereich für die Lehrkraft

5 Zahldarstellungen in den Zahlen-Steckbriefen ergänzen

6 Zahlenrätsel lösen, Zahlen in die Stellenwerttafel eintragen

7 Zahlenrätsel lösen

4

→ nach Schulbuch, Seite 19

Name: _____

Datum: _____

Die Hundertertafel

○ 1 Trage die Zahlen ein.

a) 50, 80, 20, 30

b) 44, 66, 11, 99

c) 56, 72, 63, 15

😊 😊 😊
☐ ☐ ☐

○ 2 Welche Zahlen sind es?

😊 _____

● ⭐ _____

_____

😊 😐 😕
☐ ☐ ☐

○ 3 Ergänze die fehlenden Zahlen in den grauen Feldern.

a) | 15 | 16 | |

b) | | 34 | |

c) | | 64 | |

d) | | 79 | |

😊 😐 😕
☐ ☐ ☐

○ 4 Springe auf der Hundertertafel.

Auf welcher Zahl landest du?

a) ▢62 4 Felder nach rechts. ▢

b) ▢48 3 Felder nach unten. ▢

c) ▢99 2 Felder nach links und 2 Felder nach oben. ▢

😊 😐 😕
☐ ☐ ☐

Bereich für die Lehrkraft

😊 😐 😕

1 Zahlen in die Hundertertafel eintragen ☐ ☐ ☐

2 Verdeckte Zahlen notieren ☐ ☐ ☐

3 Fehlende Zahlen in die Ausschnitte der Hundertertafel eintragen ☐ ☐ ☐

4 Zielzahlen notieren ☐ ☐ ☐

→ nach Schulbuch, Seite 21

5

Name: _____

Datum: _____

Die Hundertertafel

5 Trage die fehlenden Zahlen ein.

36	37	
66		

1		3
41		43

55		57
	65	

| 18 |
| |
| |
| |

☺ ☺ ☹
☐ ☐ ☐

6 Wie kannst du springen? Schreibe deinen Weg auf.

a) 14 _2_ Felder nach __unten__ , __ Felder nach _____ . 37

b) 68 __ Felder nach _____ , __ Felder nach _____ . 95

c) 80 __ Felder nach _____ , __ Felder nach _____ . 56

d) 53 __ Felder nach _____ , __ Felder nach _____ . 29

☺ ☺ ☹
☐ ☐ ☐

7 Springe auf der Hundertertafel. Auf welcher Zahl landest du?

a) 35 3 Felder nach unten, 2 Felder nach links, 1 Feld
nach oben, 5 Felder nach rechts. ____

b) 72 4 Felder nach rechts, 4 Felder nach oben, 2 Felder
nach links, 1 Feld nach unten. ____

c) 86 5 Felder nach oben, 5 Felder nach links, 2 Felder
nach unten, 9 Felder nach rechts. ____

☺ ☺ ☹
☐ ☐ ☐

Bereich für die Lehrkraft

☺ ☺ ☹

5 Fehlende Zahlen in die Ausschnitte der Hundertertafel eintragen _____ ☐ ☐ ☐
6 Wege zu den Zielzahlen notieren _____ ☐ ☐ ☐
7 Zielzahlen notieren _____ ☐ ☐ ☐

→ nach Schulbuch, Seite 21

Name: _____

Datum: _____

Der Zahlenstrahl

Die Aufgaben waren für mich:

○ **1** Verbinde.

| 30 | 41 | 48 | 55 | 67 | 79 |

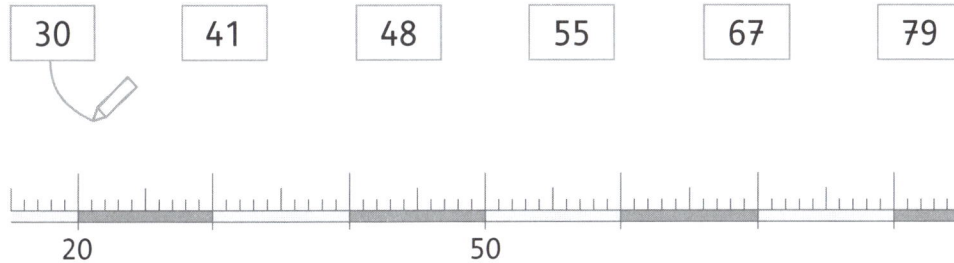

20   50

☺ ☻ ☹
☐ ☐ ☐

○ **2** Notiere Vorgänger (V) und Nachfolger (N).

a)

V	Z	N
	24	
	53	
	88	

b)

V	Z	N
	40	
	69	
	91	

☺ ☻ ☹
☐ ☐ ☐

○ **3** Notiere die Nachbarzehner (NZ).

a)

NZ	Z	NZ
	36	
	74	
	85	

b)

NZ	Z	NZ
	29	
	51	
	94	

☺ ☻ ☹
☐ ☐ ☐

○ **4** Vergleiche. Setze <, > oder = ein.

a) 23 ○ 27
39 ○ 31
54 ○ 62

b) 48 ○ 48
89 ○ 88
17 ○ 72

c) 12 ○ 21
43 ○ 34
99 ○ 66

☺ ☻ ☹
☐ ☐ ☐

Bereich für die Lehrkraft

☺ ☻ ☹

1 Zahlen mit dem Zahlenstrahl verbinden _____ ☐ ☐ ☐
2 Vorgänger und Nachfolger bestimmen _____ ☐ ☐ ☐
3 Nachbarzehner bestimmen _____ ☐ ☐ ☐
4 Zahlen vergleichen _____ ☐ ☐ ☐

7

→ nach Schulbuch, Seite 23

Der Zahlenstrahl

Die Aufgaben waren für mich:

● 5 Ordne diese Zahlen zu: 46, 30, 71, 18, 69.

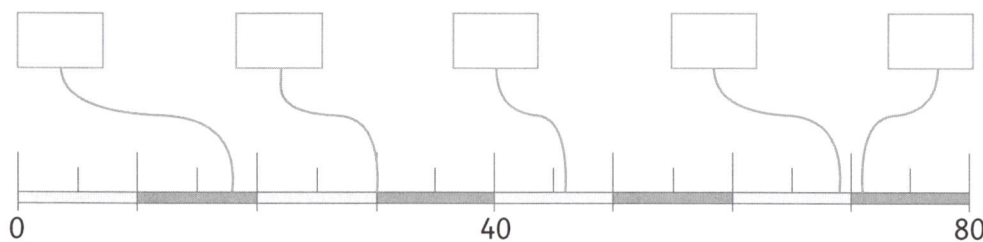

Ordne diese Zahlen zu: 39, 50, 23, 86, 61.

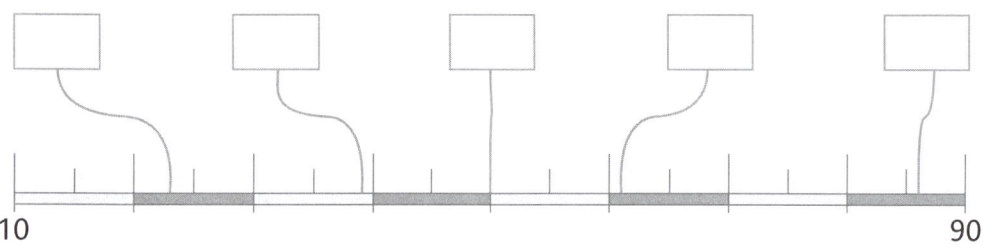

● 6 Wo liegen diese Zahlen ungefähr? Verbinde.

| 29 | 35 | 57 | 62 | 94 |

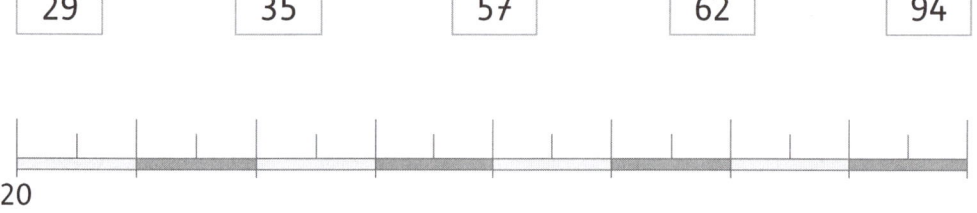

● 7 a)

| Meine Zahl liegt zwischen 68 und 75. Sie hat halb so viele Einer wie die Zahl 84. |

Die Zahl heißt _____ .

b)

| Meine Zahl hat die Nachbarzehner 50 und 60. Der Einer ist das Doppelte von 4. |

Die Zahl heißt _____ .

Bereich für die Lehrkraft

5 Zahlen am Zahlenstrahl zuordnen _____

6 Zahlen mit dem Zahlenstrahl verbinden _____

7 Zahlenrätsel lösen _____

8

→ nach Schulbuch, Seite 23

5

Muster zeichnen

○ **1** Färbe die Muster.

a)
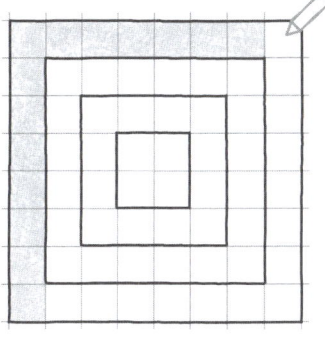

b)
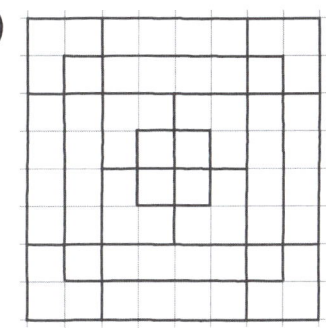

☺ ☺ ☹
□ □ □

○ **2** Setze die Bandmuster fort und färbe. Benutze ein Lineal.

● a)
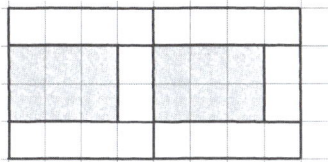

b)
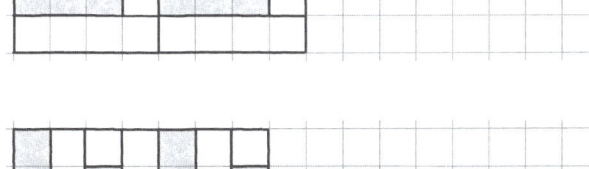

 ☺ ☺ ☹
 □ □ □

○ **3** Zeichne das Muster freihändig ab.

●
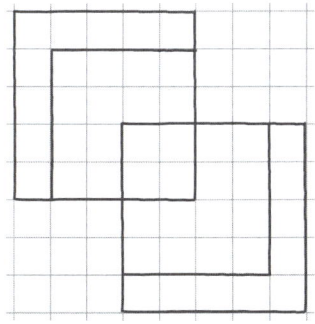

Färbe dein Muster.

 ☺ ☺ ☹
 □ □ □

Bereich für die Lehrkraft

☺ ☺ ☹

1 Muster farbig gestalten _____ □ □ □
2 Bandmuster mit Lineal fortsetzen und färben _____ □ □ □
3 Muster freihändig abzeichnen und färben _____ □ □ □

→ nach Schulbuch, Seite 29

9

Muster zeichnen

◔ **4** Setze das Bandmuster fort und färbe. Benutze ein Lineal.

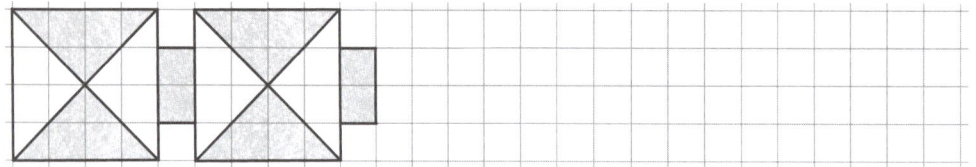

◔ **5** Setze das Bandmuster freihändig fort und färbe.

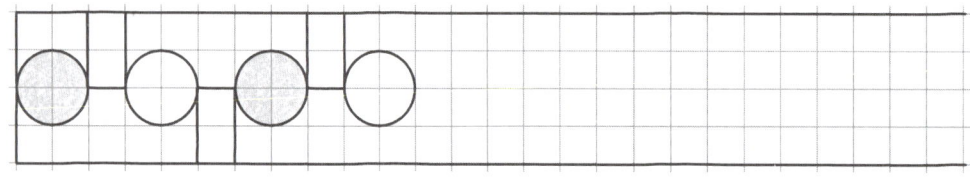

◔ **6** Zeichne ein eigenes Bandmuster und färbe.

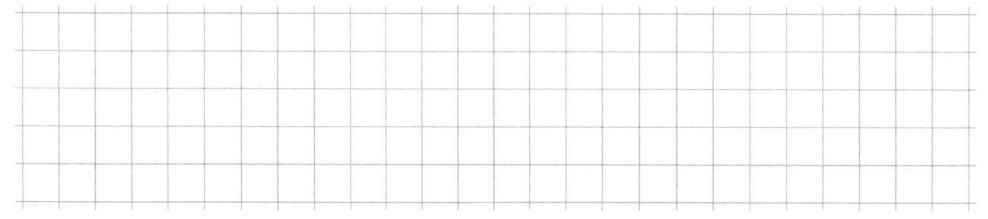

● **7** In jedem Bandmuster sind 2 Fehler. Kreise sie ein.

a)

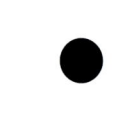

b)

Bereich für die Lehrkraft

4 Bandmuster mit Lineal fortsetzen und färben

5 Muster freihändig fortsetzen und färben

6 Eigenes Bandmuster zeichnen und färben

7 Fehler in Bandmustern finden und einkreisen

10

→ nach Schulbuch, Seite 29

Name:

_____

Datum:

_____

Plus und Minus ohne Zehnerübergang

Die Aufgaben waren für mich:

○ **1** Löse die Plusaufgaben.

a) 31 + 8 = _____

92 + 5 = _____

27 + 1 = _____

b) 83 + 6 = _____

75 + 2 = _____

33 + 3 = _____

c) 81 + 0 = _____

62 + 7 = _____

44 + 4 = _____

☺ ☺ ☹
□ □ □

○ **2** Ergänze bis zum nächsten Zehner.

a)

24	2 4 + 6 = 3 0
47	
51	
65	

b)

25	
86	
79	
92	

☺ ☺ ☹
□ □ □

○ **3** Löse die Minusaufgaben.

a) 95 – 3 = _____

63 – 0 = _____

47 – 4 = _____

b) 53 – 1 = _____

78 – 7 = _____

65 – 2 = _____

c) 39 – 8 = _____

84 – 3 = _____

28 – 6 = _____

☺ ☺ ☹
□ □ □

○ **4** a) Nimm immer 3 weg.

50	5 0 – 3 =
80	
70	
30	

b) Nimm immer 7 weg.

90	
20	
40	
60	

☺ ☺ ☹
□ □ □

Bereich für die Lehrkraft

☺ ☺ ☹

1 Plusaufgaben mit Einern ohne Zehnerübergang lösen

2 Bis zum nächsten Zehner ergänzen

3 Minusaufgaben mit Einern ohne Zehnerübergang lösen

4 Vom vollen Zehner wegnehmen

□ □ □
□ □ □
□ □ □
□ □ □

11

→ nach Schulbuch, Seite 35

Plus und Minus ohne Zehnerübergang

Die Aufgaben waren für mich:

5 Schreibe die Aufgabenfamilien.

a)
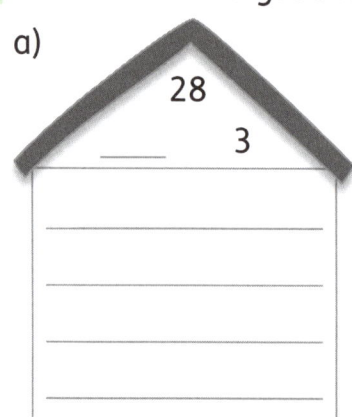
28
3

b)
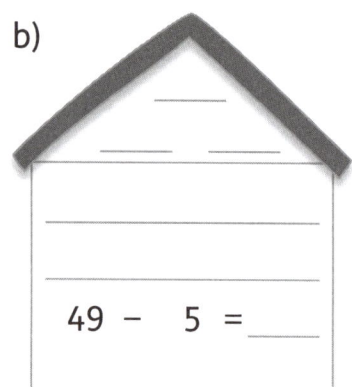

49 − 5 = _____

😊 😐 ☹
☐ ☐ ☐

●

6 Löse die Zahlenrätsel.

a)
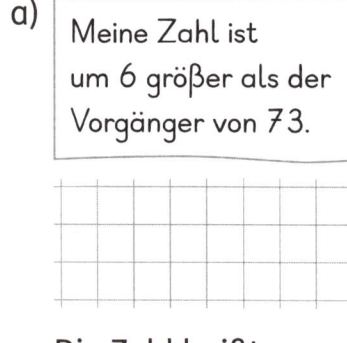
Meine Zahl ist
um 6 größer als der
Vorgänger von 73.

Die Zahl heißt _____.

b)
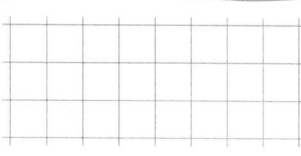
Der Nachfolger der
47 ist um 5 größer
als meine Zahl.

Die Zahl heißt _____.

😊 😐 ☹
☐ ☐ ☐

7 Löse durch Probieren.

a)
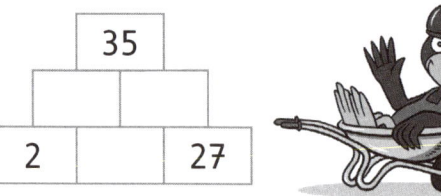
35

2   27

b)
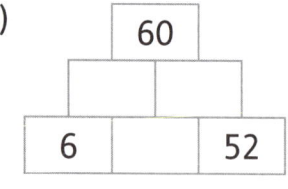
60

6   52

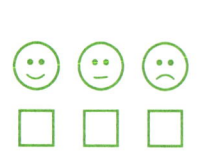
😊 😐 ☹
☐ ☐ ☐

●

Bereich für die Lehrkraft

😊 😐 ☹

5 Aufgabenfamilien bilden und rechnen _____
☐ ☐ ☐

6 Zahlenrätsel lösen _____
☐ ☐ ☐

7 Zahlenmauern durch Probieren lösen _____
☐ ☐ ☐

Plusaufgaben mit Zehnerübergang

○ **1** Wie rechnest du? Schreibe auf.

a)

b)

_____ + _____ = _____

_____ = _____

_____ = _____

_____ + _____ = _____

_____ = _____

_____ = _____

😊 😐 ☹
☐ ☐ ☐

○ **2** a) 25 + 7 =

_____ =

_____ =

b) 19 + 4 =

_____ =

_____ =

c) 37 + 6 =

_____ =

_____ =

d) 85 + 8 =

_____ =

_____ =

😊 😐 ☹
☐ ☐ ☐

○ **3** Finde die Rechenfehler. Schreibe die Ergebnisse richtig auf.

a) 13 + 8 = 21 ☑

47 + 5 = ~~53~~ 52

38 + 9 = 48 ☐

26 + 5 = 31 ☐

b) 36 + 7 = 42 ☐

53 + 8 = 61 ☐

68 + 5 = 72 ☐

44 + 9 = 55 ☐

😊 😐 ☹
☐ ☐ ☐

Bereich für die Lehrkraft

😊 😐 ☹

1 Plusaufgaben entnehmen, Rechenweg wählen und notieren _____ ☐ ☐ ☐

2 Rechenwege notieren _____ ☐ ☐ ☐

3 Rechenfehler finden und berichtigen _____ ☐ ☐ ☐

→ nach Schulbuch, Seite 36

13

Plusaufgaben mit Zehnerübergang

4 Löse die Tabellen.

a)

+		5	
48			54
59	62		
67			

b)

+		7	9
27	31		
39			
			94

5 Löse die Aufgabenrollen.

a)

15 + 9 = ____
25 + 8 = ____
35 + 7 = ____
____ + ____ = ____
____ + ____ = ____
____ + ____ = ____

b)

5 + 68 = ____
6 + 67 = ____
7 + 66 = ____
____ + ____ = ____
____ + ____ = ____
____ + ____ = ____

6 Lea macht einen Ausflug an den See.
Auf dem Wasser sieht sie 15 Segelboote und
8 Kanuboote. Außerdem sieht sie noch
halb soviele Tretboote wie Kanuboote.
Wie viele Boote sieht Lea auf dem Wasser?

L:

A:

Bereich für die Lehrkraft

4 Plustabellen lösen _____
5 Aufgabenrollen fortsetzen und lösen _____
6 Komplexe Sachaufgabe lösen; Antwort formulieren _____

14

→ nach Schulbuch, Seite 36

Minusaufgaben mit Zehnerübergang

1 Wie rechnest du? Schreibe auf.

a)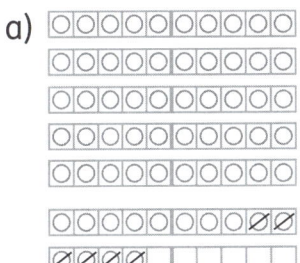

b)

_____ − _____ = _____

_____ = _____

● _____ = _____

_____ − _____ = _____

_____ = _____

_____ = _____

😊 😐 ☹️
☐ ☐ ☐

2 a) 25 − 8 = _____

_____ = _____

_____ = _____

b) 37 − 9 = _____

_____ = _____

_____ = _____

c) 51 − 6 = _____

_____ = _____

_____ = _____

d) 72 − 3 = _____

_____ = _____

_____ = _____

😊 😐 ☹️
☐ ☐ ☐

● **3** Finde die Rechenfehler. Schreibe die Ergebnisse richtig auf.

a) 25 − 8 = ~~16~~ 　17

36 − 9 = 27 ✓

43 − 5 = 38 ☐

51 − 7 = 43 ☐

b) 24 − 6 = 18 ☐

43 − 8 = 55 ☐

38 − 9 = 49 ☐

72 − 4 = 68 ☐

😊 😐 ☹️
☐ ☐ ☐

Bereich für die Lehrkraft

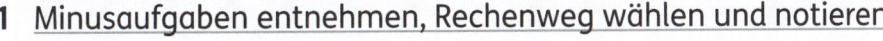

1 Minusaufgaben entnehmen, Rechenweg wählen und notieren ☐ ☐ ☐

2 Rechenwege notieren ☐ ☐ ☐

3 Rechenfehler finden und berichtigen ☐ ☐ ☐

😊 😐 ☹️

→ nach Schulbuch, Seite 37

15

Minusaufgaben mit Zehnerübergang

Die Aufgaben waren für mich:

4 Löse die Tabellen.

a)

−	8		
52			45
33		27	
61			

b)

−		9	
63	57		
45			38
74			

:) :| :(☐ ☐ ☐

5 Löse die Aufgabenrollen.

a)
$$92 - 4 = \underline{\hspace{1cm}}$$
$$82 - 5 = \underline{\hspace{1cm}}$$
$$72 - 6 = \underline{\hspace{1cm}}$$
$$\underline{\hspace{0.5cm}} - \underline{\hspace{0.5cm}} = \underline{\hspace{1cm}}$$
$$\underline{\hspace{0.5cm}} - \underline{\hspace{0.5cm}} = \underline{\hspace{1cm}}$$
$$\underline{\hspace{0.5cm}} - \underline{\hspace{0.5cm}} = \underline{\hspace{1cm}}$$

b)
$$31 - 5 = \underline{\hspace{1cm}}$$
$$32 - 6 = \underline{\hspace{1cm}}$$
$$33 - 7 = \underline{\hspace{1cm}}$$
$$\underline{\hspace{0.5cm}} - \underline{\hspace{0.5cm}} = \underline{\hspace{1cm}}$$
$$\underline{\hspace{0.5cm}} - \underline{\hspace{0.5cm}} = \underline{\hspace{1cm}}$$
$$\underline{\hspace{0.5cm}} - \underline{\hspace{0.5cm}} = \underline{\hspace{1cm}}$$

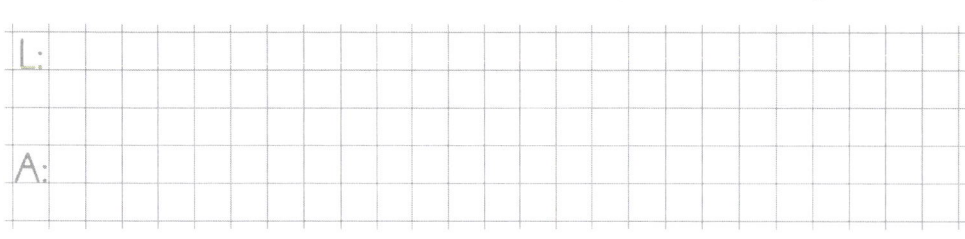

:) :| :(☐ ☐ ☐

6 In die Klasse 2c der Park-Grundschule gehen 27 Kinder.

8 Kinder laufen zur Schule. 9 Kinder fahren mit dem Fahrrad.

Die anderen Kinder der Klasse fahren mit

dem Schulbus.

Wie viele Kinder fahren mit dem Schulbus?

L:

A:

:) :| :(☐ ☐ ☐

Bereich für die Lehrkraft

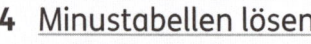

4 Minustabellen lösen

5 Aufgabenrollen fortsetzen und lösen

6 Komplexe Sachaufgabe lösen; Antwort formulieren

:) :| :(☐ ☐ ☐
☐ ☐ ☐
☐ ☐ ☐

16

→ nach Schulbuch, Seite 37

Name:

Datum:

Lösungswege finden

Die Aufgaben
waren für mich:

○ **1** Wie viele Kinder sind auf dem Spielplatz?

A:

🙂 😐 🙁
☐ ☐ ☐

○ **2** Die Kinder von der Wippe gehen noch zum Sandkasten.

Wie viele Kinder sind nun im Sandkasten?

L:

A:

🙂 😐 🙁
☐ ☐ ☐

○ **3** Es kommen noch 9 Kinder auf den Spielplatz.

Wie viele Kinder sind nun auf dem Spielplatz?

L:

A:

🙂 😐 🙁
☐ ☐ ☐

Bereich für die Lehrkraft

🙂 😐 🙁

1 Informationen entnehmen, Antwort formulieren
☐ ☐ ☐
2 Informationen entnehmen, Lösungsweg notieren, Antwort formulieren
☐ ☐ ☐
3 Informationen entnehmen, Lösungsweg notieren, Antwort formulieren
☐ ☐ ☐

→ nach Schulbuch, Seite 42

17

Lösungswege finden

Die Aufgaben
waren für mich:

4 In die Blümchen-Grundschule gehen
86 Kinder. Davon fahren heute
8 Kinder zu einem Schachturnier.
Morgen fehlen sogar noch 12 Kinder mehr.

F: Wie viele Kinder sind morgen in der Schule?

L:

A:

☺ ☺ ☹
☐ ☐ ☐

5 In die Regenbogen-Grundschule gehen
53 Mädchen und 46 Jungen.
Heute sind 2 Mädchen und 5 Jungen
krank.

F:

L:

A:

☺ ☺ ☹
☐ ☐ ☐

Bereich für die Lehrkraft

☺ ☺ ☹

6 Komplexe Sachaufgabe lösen; Antwort formulieren   ☐ ☐ ☐

5 Passende Frage finden und Sachaufgabe lösen; Antwort formulieren   ☐ ☐ ☐

→ nach Schulbuch, Seite 42

Längen: Meter und Zentimeter

○ **1** Miss mit dem Lineal die Länge der Stifte. Schreibe in Zentimeter.

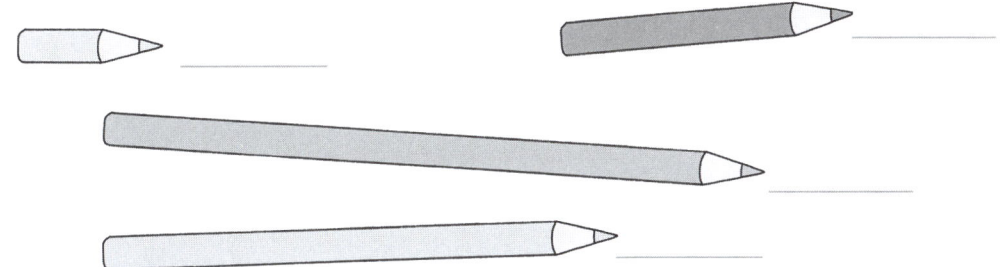

_____

_____

_____

_____

:) :| :(
□ □ □

○ **2** Zeichne die Strecken mit Lineal und einem spitzen Bleistift.

● 6 cm

3 cm

8 cm

5 cm

:) :| :(
□ □ □

○ **3** Ordne nach der Länge. Beginne mit der kürzesten Länge.

2 m 25 cm	87 cm	10 m	5 m 32 cm

:) :| :(
□ □ □

●

○ **4** a) 27 cm + 5 cm = _____ cm   b) 6 m + 34 cm = ____ m ____ cm

53 cm + 9 cm = _____   8 m + 60 cm = _____

86 cm + 8 cm = _____   3 m + 7 cm = _____

:) :| :(
□ □ □

Bereich für die Lehrkraft

:) :| :(

1 Längen mit dem Lineal messen _____   □ □ □

2 Strecken mit dem Lineal zeichnen _____   □ □ □

3 Längenangaben der Größe nach ordnen _____   □ □ □

4 Mit Größen rechnen _____   □ □ □

→ nach Schulbuch, Seite 48

19

Längen: Meter und Zentimeter

◐ 5 Was passt zusammen? Verbinde.

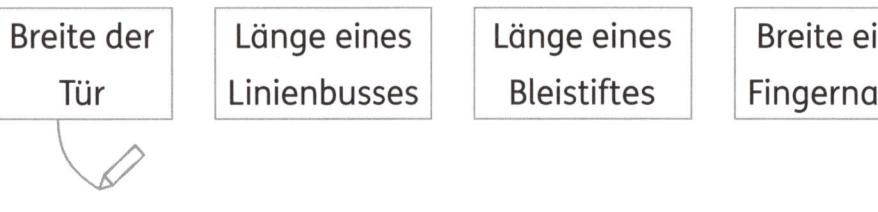

| Breite der Tür | Länge eines Linienbusses | Länge eines Bleistiftes | Breite eines Fingernagels |

| 10 cm | 1 cm | 1 m | 10 m |

☺ 😐 ☹
☐ ☐ ☐

◐ 6 Wie lang ist die Gesamtstrecke?

Miss die einzelnen Teilstrecken und rechne.

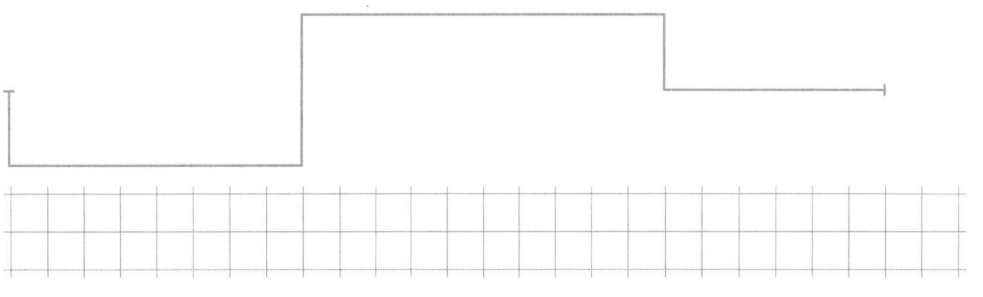

☺ 😐 ☹
☐ ☐ ☐

● 7 Miss genau und entdecke das Geheimnis der Zickzacklinie.

Setze um fünf Teilstrecken fort.

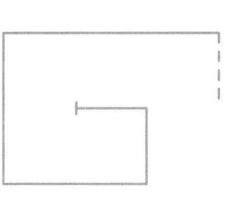

☺ 😐 ☹
☐ ☐ ☐

Bereich für die Lehrkraft

☺ 😐 ☹

5 Längen zuordnen
☐ ☐ ☐

6 Teilstrecken messen; mit Längen rechnen
☐ ☐ ☐

7 Teilstrecken messen; Zickzacklinie nach Regel fortsetzen
☐ ☐ ☐

→ nach Schulbuch, Seite 48

Malaufgaben

Die Aufgaben
waren für mich:

○ **1** Schreibe die Plusaufgabe und die Malaufgabe.

a)

b)

_____ = ____

____ · ____ = ____

_____ = ____

____ · ____ = ____

😊 😐 🙁
☐ ☐ ☐

○ **2** a)
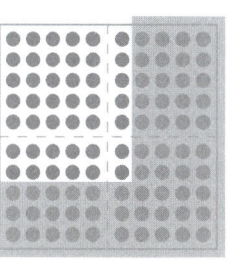

b)
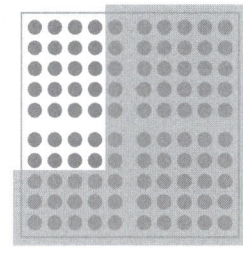

c)
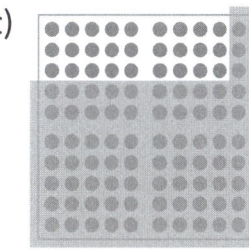

__ · __ = __

__ · __ = __

__ · __ = __

😊 😐 🙁
☐ ☐ ☐

○ **3** Rechne die Malaufgabe und ihre Tauschaufgabe.

a)

b)

c)
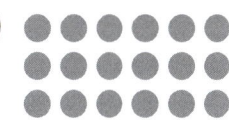

__ · __ = ____

__ · __ = ____

__ · __ = ____

__ · __ = ____

__ · __ = ____

__ · __ = ____

😊 😐 🙁
☐ ☐ ☐

Bereich für die Lehrkraft

😊 😐 🙁

1 Passende Plusaufgaben notieren; Malaufgaben ableiten _____ ☐ ☐ ☐

2 Malaufgaben ablesen, notieren und lösen ☐ ☐ ☐

3 Passende Mal- und Tauschaufgaben notieren und lösen ☐ ☐ ☐

→ nach Schulbuch, Seite 59

21

Name: _____

Datum: _____

Malaufgaben

4 Zeichne die passenden Würfelbilder und rechne.

a)

__ · 5 = ____

b)

__ · 3 = ____

5 Löse die Aufgabenrollen.

a)

1 · 2 = ____

5 · 2 = ____

2 · 2 = ____

6 · __ = ____

__ · __ = ____

__ · __ = ____

__ · __ = ____

b)

10 · 4 = ____

9 · 7 = ____

8 · 4 = ____

__ · 7 = ____

__ · __ = ____

__ · __ = ____

__ · __ = ____

6 Finde jeweils vier Malaufgaben zu diesen Ergebnissen.

a) 40

____ · ____

____ · ____

____ · ____

____ · ____

b) 24

____ · ____

____ · ____

____ · ____

____ · ____

c) 30

____ · ____

____ · ____

____ · ____

____ · ____

Bereich für die Lehrkraft

4 Passende Würfelbilder zeichnen; Malaufgaben notieren und rechnen

5 Aufgabenrollen lösen und fortsetzen

6 Jeweils vier passende Malaufgaben finden und notieren

→ nach Schulbuch, Seite 59

Name: _____

Datum: _____

Geteiltaufgaben

○ **1** Teile auf: Immer 3 Paprika in eine Tüte.

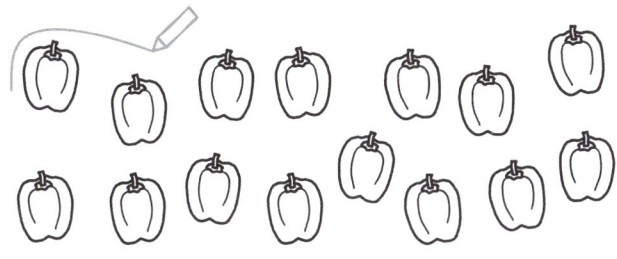

____ : ___ = ___

Es werden ___ Tüten
gebraucht.

○ **2** Verteile: Auf jeden Teller gleich viele Birnen.

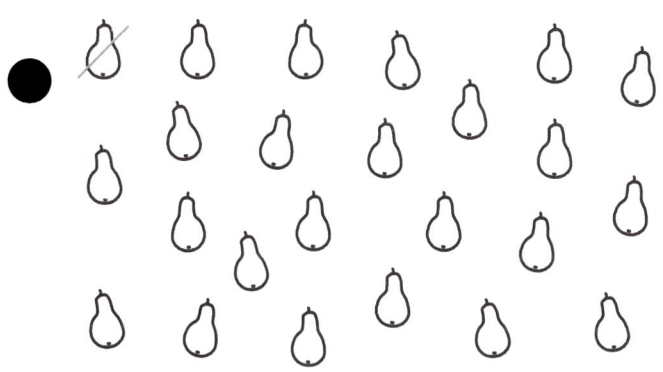

____ : ___ = ___

Immer ___ Birnen
auf einen Teller.

○ **3** Kreise ein und rechne. Kontrolliere mit der Umkehraufgabe.

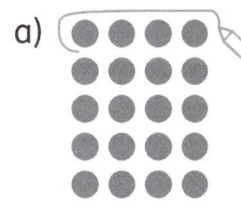

a)

b)

c)

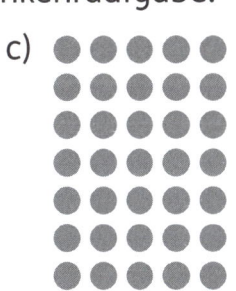

___ : ___ = ___   ___ : ___ = ___   ___ : ___ = ___

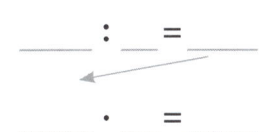

___ · ___ = ___   ___ · ___ = ___   ___ · ___ = ___

Bereich für die Lehrkraft

1 Durch Einkreisen aufteilen; Geteiltaufgabe lösen

2 Durch Wegstreichen und Zeichnen verteilen; Geteiltaufgabe lösen

3 Geteiltaufgaben lösen; Ergebnisse mit der Umkehraufgabe kontrollieren

→ nach Schulbuch, Seite 63

23

Geteiltaufgaben

4 Schreibe die Aufgabenfamilien.

a)

32

8 _____

___ · ___ = _____

___ · ___ = _____

___ : ___ = _____

___ : ___ = _____

b)

_____

2   9

___ · ___ = _____

___ · ___ = _____

___ : ___ = _____

___ : ___ = _____

🙂 😐 🙁
☐ ☐ ☐

●

5 Verteile 24 Muscheln ...

a) an 8 Kinder.   b) an 4 Kinder.   c) an 6 Kinder.

_____ : __ = __   _____ : __ = __   _____ : __ = __

🙂 😐 🙁
☐ ☐ ☐

6 Im Sportunterricht werden Gruppen gebildet:

Wenn 4er-Gruppen gebildet werden, bleibt ein Kind übrig.

Auch wenn 3er-Gruppen gebildet werden, bleibt ein Kind übrig.

Bei 2er-Gruppen ist es ebenso. Erst als 5er-Gruppen gebildet

werden, bleibt niemand übrig. Wie viele Kinder können es sein?

L:

A:

●

🙂 😐 🙁
☐ ☐ ☐

Bereich für die Lehrkraft

🙂 😐 🙁

4 Aufgabenfamilien bilden und lösen   ☐ ☐ ☐

5 Geteiltaufgaben durch Verteilen lösen   ☐ ☐ ☐

6 Komplexe Sachaufgabe lösen; Antwortsatz formulieren   ☐ ☐ ☐

24

→ nach Schulbuch, Seite 63

Einmaleins mit 2, 5 und 10

Die Aufgaben waren für mich:

○ **1** Schreibe die Malaufgabe.

a)

___ · ___ = ____

b)
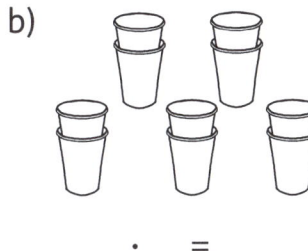

___ · ___ = ____

☺ ☺ ☹
☐ ☐ ☐

○ **2** a)

4 · 2 = ____
2 · 2 = ____
6 · 2 = ____
1 · 2 = ____
8 · 2 = ____
0 · 2 = ____
10 · 2 = ____
3 · 2 = ____

b)

2 · 5 = ____
5 · 5 = ____
9 · 5 = ____
7 · 5 = ____
1 · 5 = ____
4 · 5 = ____
8 · 5 = ____
10 · 5 = ____

c)

3 · 10 = ____
9 · 10 = ____
2 · 10 = ____
0 · 10 = ____
10 · 10 = ____
8 · 10 = ____
6 · 10 = ____
4 · 10 = ____

☺ ☺ ☹
☐ ☐ ☐

○ **3** a)

12 : 2 = ____
8 : 2 = ____
6 : 2 = ____
10 : 2 = ____
20 : 2 = ____
16 : 2 = ____
18 : 2 = ____
2 : 2 = ____

b)

15 : 5 = ____
30 : 5 = ____
10 : 5 = ____
25 : 5 = ____
45 : 5 = ____
35 : 5 = ____
0 : 5 = ____
40 : 5 = ____

c)

10 : 10 = ____
80 : 10 = ____
20 : 10 = ____
40 : 10 = ____
100 : 10 = ____
70 : 10 = ____
50 : 10 = ____
30 : 10 = ____

☺ ☺ ☹
☐ ☐ ☐

Bereich für die Lehrkraft

☺ ☺ ☹

1 Malaufgaben ableiten, notieren und lösen ☐ ☐ ☐
2 Einmaleins mit 2, 5 und 10 beherrschen ☐ ☐ ☐
3 Umkehrungen des Einmaleins mit 2, 5 und 10 beherrschen ☐ ☐ ☐

→ nach Schulbuch, Seite 68

25

Name: _____

Datum: _____

Einmaleins mit 2, 5 und 10

4 Löse die Tabellen.

a)

·		1	
4			40
	3		
8	0		

b)

·	5	2	
	50		
		14	
6			60

☺ ☺ ☹
☐ ☐ ☐

5 Löse die Aufgabenrollen.

a)

2 · 8 = _____
5 · 8 = _____
2 · 7 = _____
5 · 7 = _____
___ · ___ = _____
___ · ___ = _____
___ · ___ = _____

b)

2 · 2 = _____
4 · 2 = _____
3 · 2 = _____
6 · 2 = _____
___ · ___ = _____
___ · ___ = _____
___ · ___ = _____

●

☺ ☺ ☹
☐ ☐ ☐

6 a)

Wenn ich meine Zahl mit
5 malnehme, kommt das
Gleiche heraus, wie wenn
ich 3 mit 10 malnehme.

Die Zahl heißt _____.

b)

Wenn ich meine Zahl mit
5 malnehme, ist sie um
24 größer, als wenn ich sie
mit 2 malnehme.

Die Zahl heißt _____.

●

☺ ☺ ☹
☐ ☐ ☐

Bereich für die Lehrkraft

☺ ☺ ☹

4 Maltabellen lösen _____   ☐ ☐ ☐

5 Aufgabenrollen fortsetzen und lösen ____   ☐ ☐ ☐

6 Zahlenrätsel lösen

→ nach Schulbuch, Seite 68

Flächenformen

Die Aufgaben waren für mich:

○ **1** Wie heißen die Formen? Verbinde.

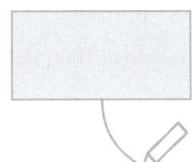 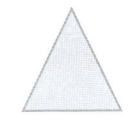  

| Kreis | Quadrat | Rechteck | Dreieck |

☐ ☐ ☐

○ **2** a) Kreise die Ecken der Quadrate rot ein.

● b) Zeichne die Seiten der Dreiecke blau nach.

c) Male die Flächen der Kreise grün aus.

d) Male die Flächen der Rechtecke und der Quadrate gelb aus.

☐ ☐ ☐

1 Geometrische Flächenformen benennen _____

2 Ecken, Seiten und Flächen an geometrischen Flächenformen kennzeichnen

☐ ☐ ☐

→ nach Schulbuch, Seite 72

Flächenformen

3 Zähle die Seiten und Ecken der Formen. Trage die Anzahlen ein.

Rechteck	Anzahl
Seiten	
Ecken	

Quadrat	Anzahl
Seiten	
Ecken	

Dreieck	Anzahl
Seiten	
Ecken	

Kreis	Anzahl
Kreislinie	
Ecken	

4 Was passt zusammen? Verbinde.

| Ich habe Ecken, aber es sind weniger als 4. | Ich habe lange und kurze Seiten. | Ich habe keine Ecken. |

5 Zähle die Formen.

a)

____ Quadrate

b)

____ Dreiecke

c)

____ Dreiecke

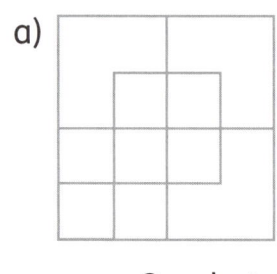 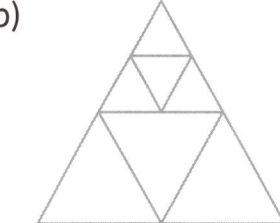 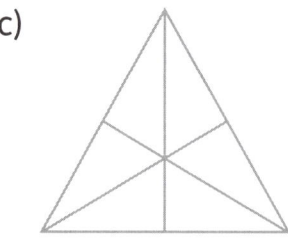

→ nach Schulbuch, Seite 72

Flächeninhalt und Umfang

○ **1** Wie oft passt das kleine Quadrat in die Figuren? Zeichne ein.

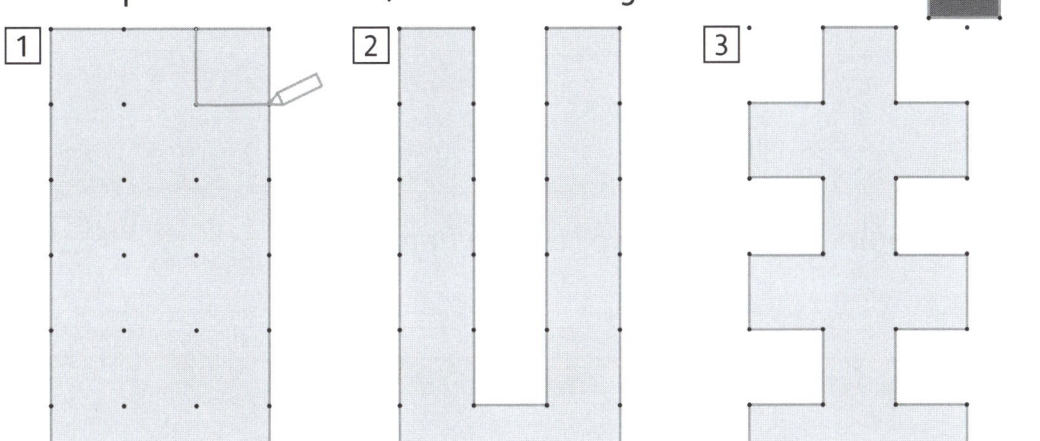

● kleinster Flächeninhalt: ____   größter Flächeninhalt: ____

☺ ☹ 😕
☐ ☐ ☐

○ **2** Bestimme den Umfang und den Flächeninhalt jeder Figur.

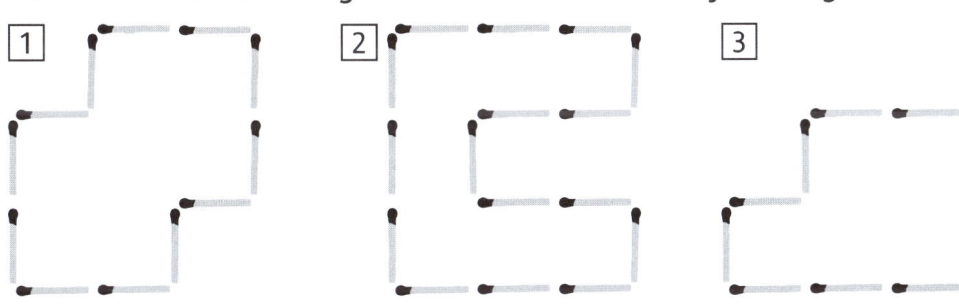

	Figur 1	Figur 2	Figur 3
Umfang	__ Hölzer	__ Hölzer	__ Hölzer
Flächeninhalt	__ Holz-quadrate	__ Holz-quadrate	__ Holz-quadrate

Vergleiche Figur 1 und 2. _____

Was fällt dir auf? Beschreibe. _____

☺ ☹ 😕
☐ ☐ ☐

→ nach Schulbuch, Seite 75

Name: _____

Datum: _____

Flächeninhalt und Umfang

Die Aufgaben waren für mich:

◗ 3 Wie oft passt das kleine Dreieck in die Figuren? Zeichne ein.

kleinster Flächeninhalt: _____   größter Flächeninhalt: _____

◗ 4 Zeichne drei verschiedene Figuren aus jeweils 10 Dreiecken.

● 5 Kann das stimmen?

Überprüfe und kreuze an.

> Es gibt eine Figur,
> die einen Umfang von
> 12 Zündhölzern und
> einen Flächeninhalt von
> 5 Zündholzquadraten hat.

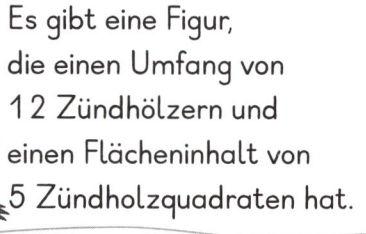

ja ☐   nein ☐

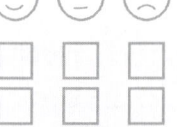

Bereich für die Lehrkraft

3 Flächeninhalt durch Abzählen der Dreiecke bestimmen und vergleichen

4 Verschiedene Figuren mit gleichem Flächeninhalt zeichnen

5 Aussage zeichnerisch überprüfen; Antwort ankreuzen

30

→ nach Schulbuch, Seite 75

Name: _____

Datum: _____

Kernaufgaben nutzen

Die Aufgaben waren für mich:

○ 1

a)
1 · 2 = _____
2 · 2 = _____
5 · 2 = _____
10 · 2 = _____

b)
1 · 6 = _____
2 · 6 = _____
5 · 6 = _____
10 · 6 = _____

c)
1 · 9 = _____
2 · 9 = _____
5 · 9 = _____
10 · 9 = _____

☐ ☐ ☐

○ 2 Löse mithilfe der benachbarten Kernaufgabe.

a)

5 · 7 = _____
6 · 7 = _____

b)
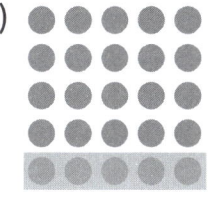

__ · __ = _____
4 · 5 = _____

c)

__ · __ = _____
3 · 6 = _____

☐ ☐ ☐

○ 3 Löse zuerst die Kernaufgabe und dann die Nachbaraufgabe.

a)
5 · 9 = _____
4 · 9 = _____

b)
10 · 7 = _____
9 · 7 = _____

c)
10 · 4 = _____
9 · 4 = _____

d)
2 · 8 = _____
3 · 8 = _____

e)
5 · 8 = _____
6 · 8 = _____

f)
2 · 7 = _____
3 · 7 = _____

☐ ☐ ☐

○ 4 Setze aus Kernaufgaben zusammen.

a)
4 · 8 = _____
5 · 8 = _____
1 · 8 = _____

b)
9 · 6 = _____
10 · 6 = _____
1 · 6 = _____

c)
7 · 8 = _____
5 · 8 = _____
2 · 8 = _____

☐ ☐ ☐

Bereich für die Lehrkraft

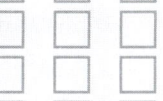

1 Kernaufgaben lösen
2 Benachbarte Kernaufgabe finden und damit Malaufgaben lösen
3 Malaufgaben mithilfe der benachbarten Kernaufgabe lösen
4 Malaufgaben durch Zusammensetzen von Kernaufgaben lösen

☐ ☐ ☐
☐ ☐ ☐
☐ ☐ ☐
☐ ☐ ☐

→ nach Schulbuch, Seite 81

31

Name: _____

Datum: _____

Kernaufgaben nutzen

5 Löse mithilfe einer benachbarten Kernaufgabe.

a) ____ · ____ = ____

6 · 5 = ____

b) ____ · ____ = ____

3 · 9 = ____

c) ____ · ____ = ____

4 · 7 = ____

6 Setze aus Kernaufgaben zusammen.

a) 6 · 3 = ____

____ · ____ = ____

___ · ___ = ____

b) 8 · 9 = ____

____ · ____ = ____

___ · ___ = ____

c) 8 · 6 = ____

____ · ____ = ____

___ · ___ = ____

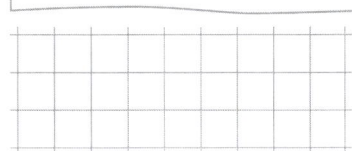
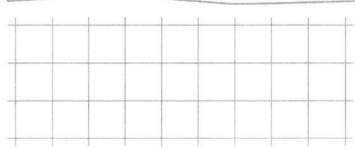

7 Löse die Zahlenrätsel.

a)
Meine Zahl ist die Hälfte der Quadratzahl von 8.

Die Zahl heißt ____ .

b)
Meine Zahl ist eine gerade Quadratzahl. Sie ist durch 10 teilbar.

Die Zahl heißt ____ .

8 Erreiche die Ergebnisse mithilfe von Kernaufgaben.

a)
31 = 10 · 3 + 1
32 = 5 · ____ + ____
33 = 10 · ____ + ____
34 = 5 · ____ + ____

b)
7 = 2 · ____ − ____
43 = 5 · ____ − ____
57 = 10 · ____ − ____
11 = 5 · ____ − ____

Bereich für die Lehrkraft

5 Benachbarte Kernaufgaben finden und damit Malaufgaben lösen

6 Malaufgaben durch Zusammensetzen von Kernaufgaben lösen

7 Zahlenrätsel lösen

8 Ergebnisse mithilfe von Kernaufgaben erreichen

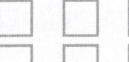

32

→ nach Schulbuch, Seite 81

Name: _____   Datum: _____

Einmaleins mit 3, 4, 6, 7, 8 und 9

○ 1

a)
$4 \cdot 3 =$ _____
$6 \cdot 8 =$ _____
$7 \cdot 6 =$ _____
$4 \cdot 9 =$ _____

b)
$8 \cdot 6 =$ _____
$9 \cdot 3 =$ _____
$8 \cdot 8 =$ _____
$3 \cdot 7 =$ _____

c)
$6 \cdot 9 =$ _____
$7 \cdot 7 =$ _____
$6 \cdot 3 =$ _____
$7 \cdot 4 =$ _____

d)
$3 \cdot 8 =$ _____
$8 \cdot 4 =$ _____
$6 \cdot 6 =$ _____
$4 \cdot 7 =$ _____

e)
$6 \cdot 7 =$ _____
$9 \cdot 6 =$ _____
$9 \cdot 8 =$ _____
$8 \cdot 7 =$ _____

f)
$4 \cdot 8 =$ _____
$3 \cdot 4 =$ _____
$7 \cdot 3 =$ _____
$3 \cdot 9 =$ _____

☐ ☐ ☐

●

○ 2

a)
$81 : 9 =$ _____
$24 : 6 =$ _____
$56 : 8 =$ _____
$36 : 9 =$ _____

b)
$9 : 3 =$ _____
$24 : 4 =$ _____
$63 : 7 =$ _____
$27 : 9 =$ _____

c)
$16 : 8 =$ _____
$21 : 7 =$ _____
$54 : 9 =$ _____
$48 : 8 =$ _____

d)
$72 : 8 =$ _____
$20 : 4 =$ _____
$49 : 7 =$ _____
$18 : 3 =$ _____

e)
$12 : 6 =$ _____
$40 : 8 =$ _____
$42 : 7 =$ _____
$18 : 9 =$ _____

f)
$70 : 7 =$ _____
$0 : 4 =$ _____
$14 : 7 =$ _____
$54 : 6 =$ _____

☐ ☐ ☐

●

○ 3 a)

·	3	6	9
2			
1			
5			

b)

·	7	5	0
4			
2			
3			

☐ ☐ ☐

Bereich für die Lehrkraft

1 Einmaleins mit 3, 4, 6, 7, 8 und 9 beherrschen _____   ☐ ☐ ☐

2 Umkehrungen des Einmaleins mit 3, 4, 6, 7, 8 und 9 beherrschen   ☐ ☐ ☐

3 Maltabellen lösen _____   ☐ ☐ ☐

→ nach Schulbuch, Seite 87

33

Einmaleins mit 3, 4, 6, 7, 8 und 9

4 a)

$9 \cdot 6 =$ ____

$8 \cdot 6 =$ ____

$7 \cdot 6 =$ ____

____ $\cdot 6 =$ ____

____ $\cdot$ ____ $=$ ____

____ $\cdot$ ____ $=$ ____

____ $\cdot$ ____ $=$ ____

b)

$70 : 7 =$ ____

$63 : 7 =$ ____

$56 : 7 =$ ____

____ $: 7 =$ ____

____ $:$ ____ $=$ ____

____ $:$ ____ $=$ ____

____ $:$ ____ $=$ ____

5 Lea hat 7 Stifte. Luca hat 3-mal so viele Stifte wie Lea.

Wie viele Stifte haben sie zusammen?

L:

A:

6 a)

Meine 2 Aufgabenpaare
haben je eine Aufgabe aus
der 8er- und der 9er-
Reihe. Bei jedem Paar ist
ein Ergebnis um 1 kleiner
als das andere.

Die Paare heißen:

1. _____

2. _____

b)

Meine 2 Aufgabenpaare
haben je eine Aufgabe aus
der 7er- und der 9er-
Reihe. Bei jedem Paar ist
ein Ergebnis um 1 größer
als das andere.

Die Paare heißen:

1. _____

2. _____

Bereich für die Lehrkraft

4 Aufgabenrollen lösen und fortsetzen _____

5 Sachaufgabe lösen; Antwort formulieren _____

6 Zahlenrätsel lösen _____

34

→ nach Schulbuch, Seite 87

Name: _____

Datum: _____

Einmaleins-Training

Die Aufgaben waren für mich:

○ **1** a) Löse durch Verdoppeln.

$3 \cdot 5 =$ ____ $3 \cdot 10 =$ ____ $5 \cdot 8 =$ ____

$6 \cdot 5 =$ ____   ____ $\cdot 10 =$ ____   ____ $\cdot 8 =$ ____

b) Löse durch Halbieren.

$4 \cdot 5 =$ ____ $10 \cdot 9 =$ ____ $8 \cdot 6 =$ ____

$2 \cdot 5 =$ ____   ____ $\cdot 9 =$ ____   ____ $\cdot 6 =$ ____

:) :| :(
□ □ □

○ **2** Löse mithilfe der Tauschaufgaben.

● a) $8 \cdot 3 =$ ____   b) $7 \cdot 4 =$ ____   c) $9 \cdot 6 =$ ____

____ $\cdot$ ____ =   ____ $\cdot$ ____ =   ____ $\cdot$ ____ =

d) $6 \cdot 4 =$ ____   e) $9 \cdot 2 =$ ____   f) $7 \cdot 2 =$ ____

____ $\cdot$ ____ =   ____ $\cdot$ ____ =   ____ $\cdot$ ____ =

:) :| :(
□ □ □

○ **3** Nutze die Kernaufgaben.

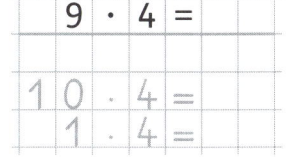 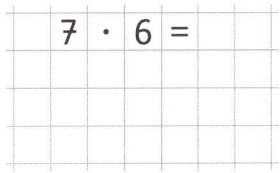 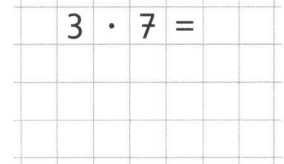

:) :| :(
□ □ □

●

○ **4** Wie rechnest du hier?

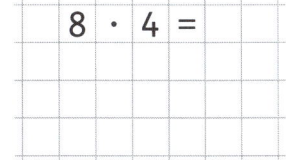 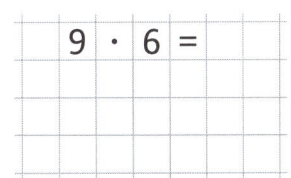 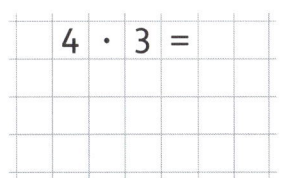

:) :| :(
□ □ □

Bereich für die Lehrkraft

:) :| :(

1 Verdoppeln und Halbieren als Lösungshilfe nutzen ____ □ □ □
2 Tauschaufgaben als Lösungshilfe nutzen ____ □ □ □
3 Kernaufgaben als Lösungshilfe nutzen ____ □ □ □
4 Kernaufgaben als Lösungshilfe nutzen ____ □ □ □

→ nach Schulbuch, Seite 91

Einmaleins-Training

5 Schreibe eine passende Aufgabenfamilie.

In meiner Aufgabenfamilie ist die
1. Zahl halb so groß wie die
2. Zahl und die 3. Zahl doppelt
so groß wie die 2. Zahl.

```
_____
_____

· _____ = _____

· _____ = _____

: _____ = _____

: _____ = _____
```

6 Finde drei verschiedene Malpyramiden.

a) 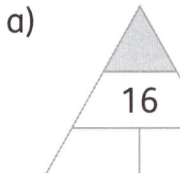 16

b) 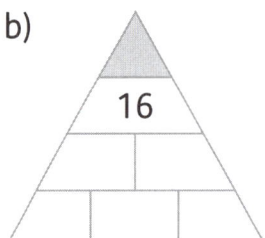 16

c) 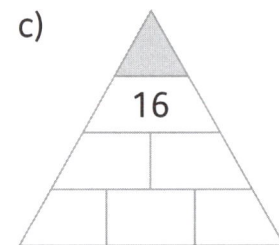 16

7 a)

Meine 4 Zahlen sind
ungerade. Sie liegen
zwischen 20 und 50 und sind
die Nachfolger von Zahlen,
die zur 8er-Reihe gehören.

b)

Meine 3 Zahlen sind größer
als 30 und kleiner als 60.
Sie gehören zur
11er-Reihe.

Die Zahlen heißen:

_____

Die Zahlen heißen:

_____

→ nach Schulbuch, Seite 91

Name: _____

Datum: _____

Geteiltaufgaben mit Rest

○ 1 Teile auf: Immer 3 Kirschen in eine Schale.

____ : __ = ___ R ___

Es werden __ Schalen gebraucht.   __ Kirschen bleiben übrig.

○ 2 Verteile: Auf jeden Teller gleich viele Nüssen.

____ : __ = ___ R ___

Immer __ Nüsse auf einen Teller.   __ Nüsse bleiben übrig.

○ 3 Schreibe mit Rest.

a) 9 : 3 = _3_   b) 23 : 5 = _____   c) 20 : 6 = _____

10 : 3 = _3 R 1_   24 : 5 = _____   22 : 7 = _____

11 : 3 = _____   25 : 5 = _____   30 : 8 = _____

12 : 3 = _____   26 : 5 = _____   25 : 9 = _____

13 : 3 = _____   27 : 5 = _____   32 : 10 = _____

Bereich für die Lehrkraft

1 Geteiltaufgabe mit Rest durch Aufteilen lösen _____

2 Geteiltaufgabe mit Rest durch Verteilen lösen _____

3 Geteiltaufgaben mit Rest lösen _____

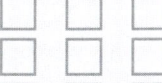

→ nach Schulbuch, Seite 93

Geteiltaufgaben mit Rest

Die Aufgaben
waren für mich:

4 Max hat 40 Sammelkarten. Er verteilt sie an 6 Kinder.

Wie viele Karten bekommt jedes Kind?

Wie viele Karten bleiben übrig?

L:

A:

5 Die Hühner von Bauer Schmidt haben gestern 24 Eier und

heute 23 Eier gelegt. Immer 6 Eier kommen in eine Schachtel.

Wie viele Schachteln werden voll? Wie viele Eier bleiben übrig?

L:

A:

6 In ein Boot der Wildwasserbahn passen 5 Personen.

In der Warteschlange stehen 11 Erwachsene und 32 Kinder.

Wie viele Boote müssen fahren?

L:

A:

Bereich für die Lehrkraft

4 Sachaufgabe lösen; Antwort formulieren

5 Komplexe Sachaufgabe lösen; Antwort formulieren

6 Komplexe Sachaufgabe lösen; Antwort formulieren

→ nach Schulbuch, Seite 93

20

Körper

○ **1** Wie heißen die Körper? Verbinde.

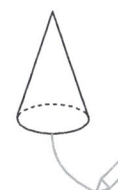 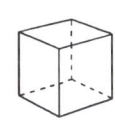  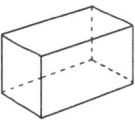 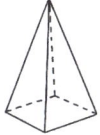 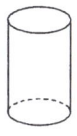

| Quader | Kegel | Pyramide | Zylinder | Würfel | Kugel |

😊 😐 ☹️
☐ ☐ ☐

●

○ **2** Welche Körper haben ...

keine Kante: _____

1 Kante: _____

2 Kanten: _____

8 Kanten: _____

12 Kanten: _____

keine gekrümmte Kante: _____

nur gekrümmte Kanten: _____

1 Seitenfläche: _____

2 Seitenflächen: _____

●

3 Seitenflächen: _____

5 Seitenflächen: _____

6 Seitenflächen: _____

keine gewölbte Seitenfläche: _____

nur gewölbte Seitenflächen: _____

😊 😐 ☹️
☐ ☐ ☐

Bereich für die Lehrkraft

😊 😐 ☹️

1 Geometrische Körperformen benennen _____ ☐ ☐ ☐

2 Geometrische Körper nach ihren Eigenschaften sortieren _____ ☐ ☐ ☐

→ nach Schulbuch, Seite 97

Name:

Datum:

Körper

3 a)

| Ich habe eine kreisförmige Fläche und eine Spitze. |

Der Körper heißt:

_____

b)

| Ich habe 3 Flächen und 2 Kanten. |

Der Körper heißt:

_____

4 Zeichne die Ansichten.

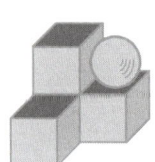

rechts   hinten   links   vorne

5 Wie viele Würfel sind es?

Schreibe jeweils zwei verschiedene Rechnungen.

a)

b)

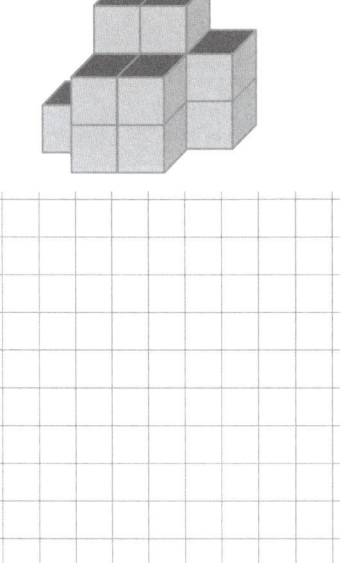

Bereich für die Lehrkraft

3 Körperrätsel lösen

4 Verschiedene Ansichten des Würfelgebäudes zeichnen

5 Anzahl der Würfel über 2 verschiedene Rechnungen bestimmen

   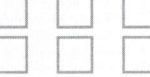

40

→ nach Schulbuch, Seite 97

Name: _____

Datum: _____

Geld: Euro und Cent

Paul

Anne

Josi

○ **1** Wie viel Geld hat jedes Kind? Trage in die Tabelle ein.

●

	5	1	50	20	10	5	insgesamt	
Paul	1						€	ct
Anne							€	ct
Josi							€	ct

das meiste Geld: _____   das wenigste Geld: _____

⊙ ☺ ☹
☐ ☐ ☐

○ **2** Wie viel Geld fehlt jedem Kind bis zum nächsten vollen Euro?

Paul: ____ € ____ ct + ____ ct = ____ €

Anne: ____ € ____ ct + ____ ct = ____ €

Josi: ____ € ____ ct + ____ ct = ____ €

⊙ ☺ ☹
☐ ☐ ☐

●

○ **3** Finde eine andere Möglichkeit, Pauls Geldbetrag zu legen.

	5	1	50	20	10	5	insgesamt	
Paul							€	ct

⊙ ☺ ☹
☐ ☐ ☐

Bereich für die Lehrkraft

⊙ ☺ ☹

1 Geldbeträge bestimmen und vergleichen _____
☐ ☐ ☐

2 Bis zum nächsten vollen Euro ergänzen _____
☐ ☐ ☐

3 Einen Geldbetrag legen _____
☐ ☐ ☐

→ nach Schulbuch, Seite 101

41

Name:

Datum:

Geld: Euro und Cent

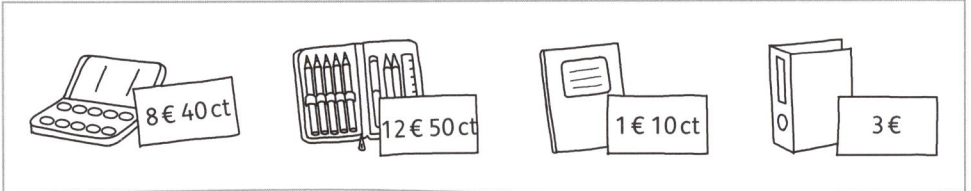

8 € 40 ct   12 € 50 ct   1 € 10 ct   3 €

4 Lea hat 20 €. Sie kauft eine Federmappe und ein Heft.

Wie viel Geld bekommt sie zurück?

L:

A:

☺ ☺ ☹
☐ ☐ ☐
●

5 Der Rabe möchte 5 Ordner kaufen. Wie viel

Geld kann er mit dem Angebot sparen?

L:

A:

Angebot:
5 Ordner
für 14 €

☺ ☺ ☹
☐ ☐ ☐

6 John hat 19 € dabei. Reicht sein Geld?

L:

A:

Angebot:
3 Hefte
für 2 €

Einkaufsliste:
2 Ordner
6 Hefte
1 Farbkasten

●

☺ ☺ ☹
☐ ☐ ☐

Bereich für die Lehrkraft

☺ ☺ ☹

4 Sachaufgabe lösen; Antwort formulieren ☐ ☐ ☐

5 Sachaufgabe lösen; Angebot überprüfen; Antwort formulieren ☐ ☐ ☐

6 Komplexe Sachaufgabe lösen; Antwort formulieren ☐ ☐ ☐

42

→ nach Schulbuch, Seite 101

Name: _____   Datum: _____

Plusaufgaben

Die Aufgaben waren für mich:

○ **1** Wie rechnest du? Schreibe auf.

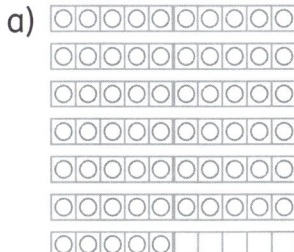

_____ + _____ = _____

_____ = _____

_____ = _____

:) :| :(☐ ☐ ☐

○ **2** a) 37 + 12 = _____   b) 59 + 31 = _____   c) 12 + 57 = _____

54 + 25 = _____   65 + 14 = _____   33 + 45 = _____

42 + 43 = _____   43 + 36 = _____   26 + 62 = _____

:) :| :(☐ ☐ ☐

●

○ **3** Wie rechnest du? Schreibe auf.

a)

_____ + _____ = _____

_____ = _____

_____ = _____

b)

_____ + _____ = _____

_____ = _____

_____ = _____

:) :| :(☐ ☐ ☐

●

○ **4** a) 25 + 17 = _____   b) 77 + 18 = _____   c) 24 + 57 = _____

57 + 36 = _____   48 + 46 = _____   43 + 38 = _____

49 + 23 = _____   36 + 55 = _____   62 + 29 = _____

:) :| :(☐ ☐ ☐

Bereich für die Lehrkraft

:) :| :(

1 Plusaufgabe ohne Zehnerübergang ablesen, notieren und lösen   ☐ ☐ ☐

2 Plusaufgaben ohne Zehnerübergang lösen   ☐ ☐ ☐

3 Plusaufgaben mit Zehnerübergang ablesen, notieren und lösen   ☐ ☐ ☐

4 Plusaufgaben mit Zehnerübergang lösen   ☐ ☐ ☐

→ nach Schulbuch, Seite 110

43

Plusaufgaben

Die Aufgaben
waren für mich:

5 In jedem Rabomaten ist eine Zahl falsch gerechnet.

Streiche die falsche Zahl durch und schreibe richtig daneben.

a)
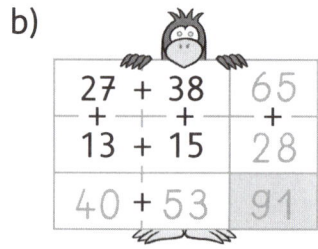

18	+	19	39
+		+	+
28	+	28	56
46	+	47	93

b)

27	+	38	65
+		+	+
13	+	15	28
40	+	53	91

☺ ☺ ☹
☐ ☐ ☐

6 Setze zu Zahlenmauern zusammen.

a)
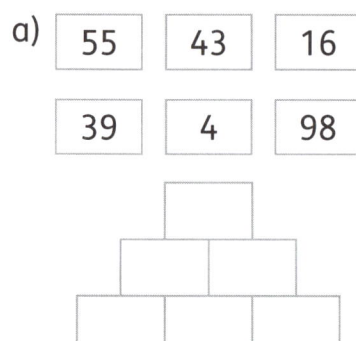

55	43	16
39	4	98

b)
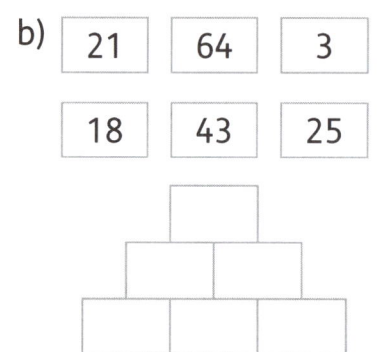

21	64	3
18	43	25

●

☺ ☺ ☹
☐ ☐ ☐

7 Viktoria hat 19 Fußballkarten. Samira hat doppelt

so viele Karten wie Viktoria. Julian hat 39 Karten.

F: Wie viele Karten haben die Kinder zusammen?

L:

A:

●

☺ ☺ ☹
☐ ☐ ☐

Bereich für die Lehrkraft

☺ ☺ ☹

5 Fehler in den Rabomaten finden und korrigieren _____

☐ ☐ ☐

6 Zahlenmauern zusammensetzen _____

☐ ☐ ☐

7 Komplexe Sachaufgabe lösen; Antwort formulieren _____

☐ ☐ ☐

→ nach Schulbuch, Seite 110

Name: _____

Datum: _____

Minusaufgaben

Die Aufgaben waren für mich:

○ 1 Wie rechnest du? Schreibe auf.

a) [Mehrsystemblöcke/Plättchen-Darstellung]

b) [Mehrsystemblöcke/Plättchen-Darstellung]

a) _____ – _____ = _____

_____ = _____

_____ = _____

b) _____ – _____ = _____

_____ = _____

_____ = _____

😊 😐 🙁
☐ ☐ ☐

● 2

a) $43 - 21 =$ _____
$66 - 32 =$ _____
$55 - 43 =$ _____

b) $48 - 27 =$ _____
$97 - 64 =$ _____
$86 - 25 =$ _____

c) $59 - 35 =$ _____
$68 - 46 =$ _____
$57 - 25 =$ _____

😊 😐 🙁
☐ ☐ ☐

○ 3 Wie rechnest du? Schreibe auf.

a) [Plättchen-Darstellung]

b) [Plättchen-Darstellung]

a) _____ – _____ = _____

_____ = _____

_____ = _____

b) _____ – _____ = _____

_____ = _____

_____ = _____

😊 😐 🙁
☐ ☐ ☐

● ○ 4

a) $64 - 36 =$ _____
$46 - 29 =$ _____
$55 - 48 =$ _____

b) $44 - 27 =$ _____
$92 - 64 =$ _____
$51 - 35 =$ _____

c) $62 - 17 =$ _____
$45 - 28 =$ _____
$73 - 37 =$ _____

😊 😐 🙁
☐ ☐ ☐

Bereich für die Lehrkraft

😊 😐 🙁

1 Minusaufgaben ohne Zehnerübergang ablesen, notieren und lösen ☐ ☐ ☐

2 Minusaufgaben ohne Zehnerübergang lösen ☐ ☐ ☐

3 Minusaufgaben mit Zehnerübergang ablesen, notieren und lösen ☐ ☐ ☐

4 Minusaufgaben mit Zehnerübergang lösen ☐ ☐ ☐

→ nach Schulbuch, Seite 114

45

Name: _____

Datum: _____

Minusaufgaben

Die Aufgaben waren für mich:

5 Löse die Rabomaten.

a)

46 +		59
+	+	+
17 + 18		
+		

b)

38 +		54
+	+	+
14 + 19		
+		

😊 😐 ☹️
☐ ☐ ☐

6 Löse die Aufgabenrollen.

a)
$94 - 16 = \underline{\quad}$
$84 - 18 = \underline{\quad}$
$74 - 20 = \underline{\quad}$
$\underline{\quad} - 22 = \underline{\quad}$
$\underline{\quad} - \underline{\quad} = \underline{\quad}$
$\underline{\quad} - \underline{\quad} = \underline{\quad}$
$\underline{\quad} - \underline{\quad} = \underline{\quad}$

b)
$66 - 19 = \underline{\quad}$
$62 + 19 = \underline{\quad}$
$58 - 19 = \underline{\quad}$
$54 + \underline{\quad} = \underline{\quad}$
$\underline{\quad} = \underline{\quad}$
$\underline{\quad} = \underline{\quad}$
$\underline{\quad} = \underline{\quad}$

●

😊 😐 ☹️
☐ ☐ ☐

7 Julian hat 46 Tulpen im Garten gezählt. 13 Tulpen sind rot und 16 sind lila. Die restlichen Tulpen sind gelb.

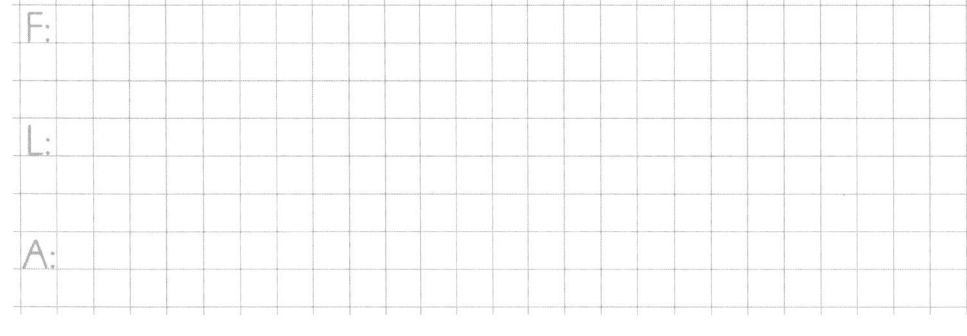

F:

L:

A:

●

😊 😐 ☹️
☐ ☐ ☐

Bereich für die Lehrkraft

😊 😐 ☹️

5 Rabomaten lösen _____
☐ ☐ ☐

6 Aufgabenrollen lösen und fortsetzen _____
☐ ☐ ☐

7 Komplexe Sachaufgabe lösen; Frage und Antwort formulieren _____
☐ ☐ ☐

→ nach Schulbuch, Seite 114

Name: _____

Datum: _____

Zeitpunkt und Zeitspanne

Die Aufgaben waren für mich:

○ 1 a)

b)

c)

_____ Uhr

_____ Uhr

_____ Uhr

_____ Uhr

_____ Uhr

_____ Uhr

☺ ☺ ☹
□ □ □

○ 2 a)

b)

c)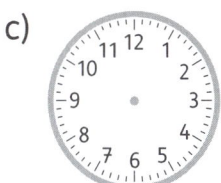

4.15 Uhr

_____ Uhr

7.45 Uhr

_____ Uhr

13.30 Uhr

_____ Uhr

☺ ☺ ☹
□ □ □

○ 3 Wie lange ist Tom in der Schule? Berechne die Zeitspanne.

_____ Uhr _____ h _____ _____ Uhr

☺ ☺ ☹
□ □ □

○ 4 a) 9.30 Uhr _____ h ⟶ 16.30 Uhr

b) 12.15 Uhr _____ h ⟶ 17.15 Uhr

c) 21.45 Uhr _____ h ⟶ 3.45 Uhr

☺ ☺ ☹
□ □ □

Bereich für die Lehrkraft

☺ ☺ ☹

1 Uhrzeiten an analogen Uhren ablesen und notieren _____

□ □ □

2 Uhrzeiten in analoge Uhren eintragen _____

□ □ □

3 Zeitpunkte und Zeitspanne bestimmen und notieren _____

□ □ □

4 Zeitspannen berechnen

□ □ □

→ nach Schulbuch, Seite 121

47

Name: _____

Datum: _____

Zeitpunkt und Zeitspanne

5 Berechne die Zeitspanne.

a)  _____ min

b)  ___ h _____ min

:) :| :(□ □ □

6
a) 8.15 Uhr   ——— 5 h 00 min ———→   _____ Uhr

b) 16.30 Uhr   ——— 2 h 30 min ———→   _____ Uhr

c) _____ Uhr   ——— 6 h ———→   13.30 Uhr

d) _____ Uhr   ——— 4 h 15 min ———→   19.45 Uhr

:) :| :(□ □ □

7 Der Rabe frühstückt um 7.30 Uhr. Bis 18 Uhr isst er aller
3 h 30 min eine Mahlzeit. Um 21 Uhr isst er danach zum
letzten Mal. Wie viele Mahlzeiten isst der Rabe an einem Tag?

L:

A:

:) :| :(□ □ □

Bereich für die Lehrkraft

:) :| :(

5 Zeitspannen berechnen _____   □ □ □

6 Uhrzeiten und Zeitspannen berechnen _____   □ □ □

7 Komplexe Sachaufgabe lösen; Antwort formulieren ___   □ □ □

→ nach Schulbuch, Seite 121